ESPIONS

UN LIVRE WELDON OWEN

© 2011 **Discovery Communications**, LLC.
Discovery Education™ et le logo **Discovery Education**
sont des marques déposées de Discovery
Communications, LLC, utilisées sous licence.
Tous droits réservés.

Conçu et réalisé par
Weldon Owen Pty Ltd
59-61 Victoria Street, McMahons Point
Sydney NSW 2060, Australie

Édition originale parue sous le titre
Spies Revealed
© 2011 Weldon Owen Pty Ltd

© 2012 pour la traduction française
Gallimard Jeunesse, Paris

© 2012 pour l'édition française au Canada
Les Éditions Petit Homme, division du Groupe Sogides inc.,
filiale de Quebecor Media inc. (Montréal, Québec)

03-12
Tous droits réservés
Dépôt légal : 2012
Bibliothèque et Archives nationales du Québec

ISBN 978-2-924025-06-2

POUR L'ÉDITION ORIGINALE
WELDON OWEN PTY LTD

Direction générale Kay Scarlett

Direction de la création Sue Burk

Direction éditoriale Helen Bateman

Vice-président des droits étrangers
Stuart Laurence

Vice-président des droits Amérique du Nord
Ellen Towell

Direction administrative des droits étrangers
Kristine Ravn

Éditeur Madeleine Jennings

Secrétaires d'édition Barbara McClenahan,
Bronwyn Sweeney, Shan Wolody

Assistante éditoriale Natalie Ryan

Direction artistique Michelle Cutler, Kathryn Morgan

Maquettiste Stan Lamond, Lena Thunell

Responsable des illustrations Trucie Henderson

Iconographe Tracey Gibson

Directeur de la fabrication Todd Rechner

Fabrication Linda Benton et Mike Crowton

Conseiller Glenn Murphy

DISTRIBUTEUR EXCLUSIF:

Pour le Canada et les États-Unis :

MESSAGERIES ADP*

2315, rue de la Province
Longueuil, Québec J4G 1G4
Téléphone : 450 640-1237
Télécopieur : 450 674-6237
Internet: www.messageries-adp.com

* filiale du Groupe Sogides inc.,
filiale de Quebecor Media inc.

Gouvernement du Québec – Programme de crédit
d'impôt pour l'édition de livres – Gestion SODEC –
www.sodec.gouv.qc.ca

L'Éditeur bénéficie du soutien de la Société de
développement des entreprises culturelles du Québec
pour son programme d'édition.

 Le Conseil des Arts du Canada
The Canada Council for the Arts

Nous remercions le Conseil des Arts du Canada de l'aide
accordée à notre programme de publication.

Nous reconnaissons l'aide financière du gouvernement
du Canada par l'entremise du Fonds du livre du Canada
pour nos activités d'édition.

Imprimé et relié en Chine

ESPIONS

Meredith Costain

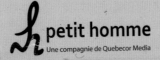

petit homme
Une compagnie de Quebecor Media

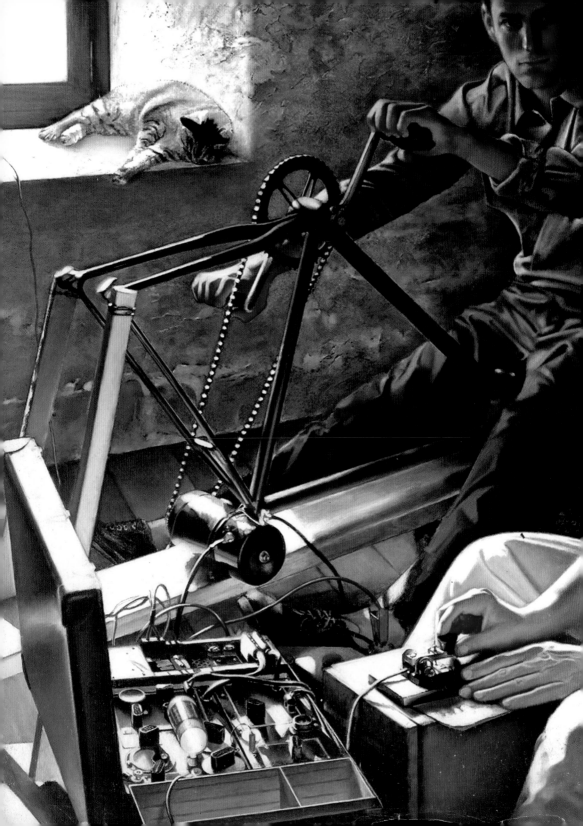

Sommaire

Qu'est-ce qu'un espion ?

Employé par un pays ou une organisation, un espion travaille dans le plus grand secret : il rassemble des informations confidentielles concernant des armes ou des projets top secret ; il analyse les renseignements recueillis par les agents envoyés sur le terrain. Il peut être amené à identifier les menaces pesant sur la sécurité intérieure ou extérieure de son pays. Ou à inventer de fausses informations qu'il diffuse auprès de la partie adverse.

On pense souvent qu'un espion mène une vie très excitante d'aventurier. Erreur ! Il passe parfois des années dans la clandestinité, à pratiquer des métiers ennuyeux, avant de mettre enfin la main sur les informations dont son pays a besoin.

La Rose de Tokyo
Pendant la Seconde Guerre mondiale, l'Américaine Iva Toguri est l'une des « Roses de Tokyo », un groupe d'animatrices diffusant à la radio japonaise des informations destinées à démoraliser les troupes américaines basées dans le Pacifique.

Julius et Ethel Rosenberg
Citoyens américains, les Rosenberg sont condamnés pour espionnage au profit de l'URSS, pays auquel ils auraient livré les secrets de la bombe atomique. Ils ont beau clamer leur innocence, ils sont exécutés en 1953.

« Connaître le ou les personnages que vous incarnez – leurs vêtements, leurs pensées, leurs réactions. »
MANUEL AMÉRICAIN SUR L'ART DU DÉGUISEMENT

Incroyable !
Le Français Richebourg, un nain de 58 cm né à la fin du XVIIIᵉ siècle, est le plus petit espion de l'Histoire ! Passant pour un bébé, il entre ou sort de Paris, des messages secrets cachés dans ses vêtements.

La clandestinité
Pour remplir leur mission et éviter à tout prix d'être repérés, les espions doivent maîtriser l'art du déguisement.

Les espions de Cambridge
Dans les années 1930, l'URSS recrute cinq jeunes Anglais. Les membres de ce réseau, parmi lesquels le brillant Kim Philby, sont des étudiants de l'université de Cambridge qui deviendront diplomates ou espions britanniques. Ils croient tous fermement en l'idéologie communiste. Durant la Seconde Guerre mondiale, il leur est facile de transmettre des informations aux Soviétiques.

Les espions à travers l'Histoire

L'espionnage existe depuis toujours. Les rois et les chefs de guerre paient des espions qui s'infiltrent dans le camp ennemi pour compter les soldats et se procurer les plans d'attaque. Quand un espion parvient à recueillir des informations cruciales, il est traité en héros et sa fortune est faite. S'il échoue ou se fait prendre, il est exécuté.

1800 av. J.-C.
Les espions du roi Hammourabi de Babylone dérobent aux peuples voisins de Mésopotamie des tablettes d'argile sur lesquelles figurent quantité d'informations sur leurs villages.

500 av. J.-C.
Le général chinois Sun Tse rédige *L'Art de la guerre*, premier traité de stratégie militaire. L'un des treize chapitres est consacré à la formation des espions.

1570
Francis Walsingham, conseiller d'Élisabeth Ire d'Angleterre, fonde un puissant réseau d'espions qui recueille des informations dans toute l'Europe et désamorce un complot contre la reine.

XVIIe siècle
En France, sous le règne de Louis XIII, afin de repérer les opposants au roi, le cardinal de Richelieu organise le Cabinet noir, bureau secret chargé de surveiller le courrier et d'intercepter lettres et rapports.

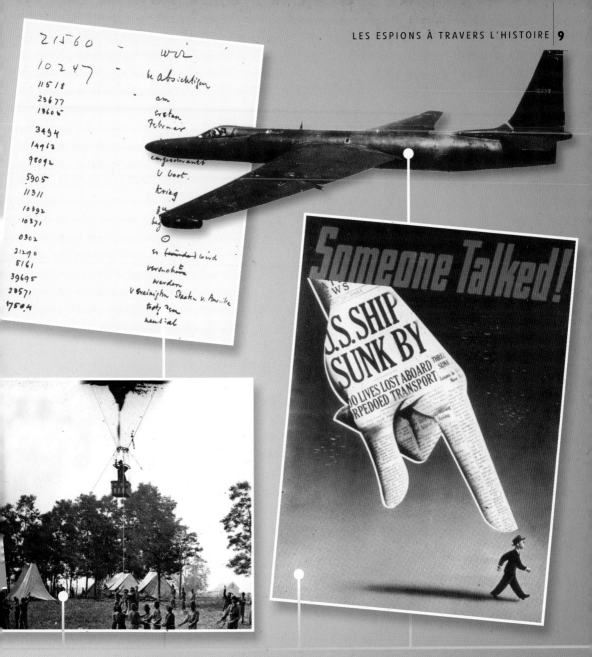

1861–1865
Pendant la guerre de Sécession américaine, les espions utilisent le télégraphe et la photo pour la première fois. Des montgolfières survolent le camp ennemi et prennent des clichés aériens.

1914–1918
Des milliers d'espions sont recrutés quand éclate la Première Guerre mondiale. Leur formation est minimale : un espion doit donc savoir se débrouiller seul pour espérer réussir.

1939–1945
La formation se perfectionne pendant la Seconde Guerre mondiale avec la création de réseaux et l'invention de codes secrets. Des femmes sont aussi recrutées, souvent comme messagères.

1945–1991
Au cours de la guerre froide, les États-Unis et l'Union soviétique (URSS) mettent au point satellites, sous-marins nucléaires et avions-espions pour surveiller leurs armements respectifs.

2001
Pour préparer le 11-Septembre, al-Qaida recourt à la stéganographie, méthode consistant à camoufler dans des photos envoyées par Internet les cartes et les photos de leurs cibles.

Recherche espions !

I l existe toutes sortes d'espions, depuis les agents secrets jusqu'aux agents doubles, en passant par les analystes et les espions en sommeil. Certains interceptent des informations, d'autres aident leur pays à se défendre contre les espions ennemis. Chaque réseau d'espionnage, ultrasecret, est dirigé par un maître espion.

Tueur

John Wilkes Booth (1838-1865)
Sympathisant confédéré, Booth complote pour assassiner Lincoln, le président des États-Unis qui a aboli l'esclavage. Il le tue au cours d'une représentation dans un théâtre de Washington.

Messager

Alfred Frenzel (1899-1968)
Plus connu sous le nom de code « Anna », l'espion tchécoslovaque Frenzel transmet à la police secrète de son pays – la StB – documents et photos en provenance des États-Unis et de l'Allemagne de l'Ouest.

Agent double

Dusko Popov (1912-1981)
Pendant la Seconde Guerre mondiale, Popov est recruté par l'Allemagne, mais il est en réalité un agent double travaillant pour les Anglais. Il a inspiré à l'agent Ian Fleming le personnage de James Bond.

Maître espion

Stella Rimington (née en 1935)
À la tête du MI5, services secrets britanniques, de 1992 à 1996, Rimington est la première femme maître espion d'un grand pays, gérant à la fois le contre-espionnage et le contre-terrorisme.

Taupe

Aldrich Ames (né en 1941)
Une taupe est un espion opérant à l'intérieur d'une organisation. En 1985, alors officier de la CIA, Ames se met à travailler pour le KGB soviétique, jusqu'à son arrestation en 1994.

Transfuge

Vladimir Petrov (1907-1991)
Le couple soviétique Vladimir et
Evdokia Petrov, envoyé en
Australie en 1951, surveille et
recrute des espions. En 1954,
Petrov change de camp et
fournit des secrets soviétiques
aux Australiens.

« *On peut échouer,
mais jamais se laisser
surprendre.* »
FRÉDÉRIC II LE GRAND, ROI DE PRUSSE

Saboteur

Virginia Hall (1906-1982)
L'Américaine Virginia Hall est
l'un des meilleurs espions de
la Seconde Guerre mondiale.
Déguisée en garçon de ferme
français, elle organise des missions
de sabotage contre les soldats
allemands. Elle est aussi
opérateur radio et messager.

Analyste

Ana Montes (née en 1957)
Analyste à l'agence américaine
du renseignement pour
la Défense, Montes transmet
des informations à Cuba.
Arrêtée en 2001, elle est accusée
de conspiration.

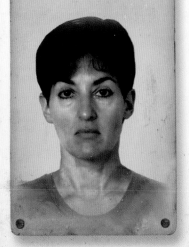

Mata Hari

Mata Hari, de son vrai nom Margaretha Zelle (1876-1917), est utilisée comme espionne en Europe pendant la Première Guerre mondiale. De nationalité hollandaise, pays neutre, elle peut circuler librement. Danseuse, cette femme superbe est amenée à rencontrer beaucoup d'officiers, de tous les pays. Les Allemands lui demandent de soutirer des informations à ses amis britanniques et français. Persuadée qu'elle peut ainsi s'amuser et gagner de l'argent, Mata Hari se lance dans l'espionnage.

Les services français la recrutent ensuite pour quelques missions. Soupçonnée d'être agent double, elle est arrêtée à Paris en février 1917.

Sur scène
À Paris, Mata Hari est une danseuse exotique. Elle exécute des chorégraphies apprises en Indonésie, où elle vécut. Son nom signifie « œil du jour ».

Fusillée
Arrêtée par les Français en février 1917, rapidement jugée, Mata Hari est condamnée à mort pour espionnage au profit de l'Allemagne. Le 15 octobre, elle est fusillée dans les fossés du château de Vincennes.

Incroyable !
Mata Hari ne prend pas l'espionnage au sérieux. Quand la sentence tombe, elle s'écrie : « C'est impossible ! » Elle est l'héroïne de nombreux livres, de films… et d'un jeu vidéo.

James Bond
Pendant la Seconde Guerre mondiale, Ian Fleming, l'auteur des aventures de James Bond, alors agent du MI5, rencontre Popov, officier de renseignement pour la Marine britannique. Des années plus tard, il s'en inspire pour créer son personnage.

Dusko Popov

D usko Popov est né en Yougoslavie en 1912. Riche, bel homme, il mène une vie de play-boy – une couverture formidable pour ses activités d'espion.

Popov parle plusieurs langues et fréquente des personnages haut placés dans toute l'Europe. Recruté par l'Allemagne au début de la Seconde Guerre mondiale, il part au Portugal à la chasse aux renseignements. Mais Popov déteste les nazis. Il propose donc ses services aux Britanniques et travaille comme agent double pour le MI5 et le MI6. Il meurt en 1981, âgé de 69 ans.

L'espion qui écrivait
En 1974, Dusko Popov publie son autobiographie sous le titre *Tricycle,* son nom de code.

Nancy Wake

La journaliste australienne Nancy Wake est une célèbre espionne de la Seconde Guerre mondiale. Lorsque l'Allemagne envahit la France en 1939, Wake, qui vit alors dans ce pays, décide de se rendre utile. Elle passe des messages pour la Résistance française, au péril de sa vie.

En 1943, elle est formée à l'espionnage en Écosse. Elle apprend à composer et décrypter des codes secrets et à manipuler des armes. En 1944, Nancy est parachutée en France pour aider les résistants.

La Souris blanche
Nancy Wake figure en première place sur la liste des espions les plus recherchés par l'Allemagne. Son nom de code est Souris blanche, car elle sait toujours déjouer les pièges.

Médailles de la bravoure
Nancy Wake est récompensée pour son courage : médaille présidentielle de la liberté (États-Unis), médaille de George (Grande-Bretagne) et croix de guerre (France). Elle est également officier de la Légion d'honneur.

Incroyable !
Quand un raid allemand détruit les codes radio de la Résistance française, Wake parcourt 480 km à vélo pour dénicher un opérateur radio et récupérer de nouveaux codes auprès des Anglais.

Radio secrète
Molody cache une radio dans sa cave pour envoyer des messages à Moscou.

Incroyable !
Les Soviétiques donnent à Konon Molody une nouvelle identité : il est désormais Gordon Lonsdale, nom d'un garçon canadien mort des années plus tôt en Finlande.

Konon Molody

Espion soviétique, Konon Molody vit à Londres pendant la guerre froide. Né à Moscou en 1922, il entame sa formation dès l'âge de 11 ans. Il est envoyé cinq ans en Californie pour apprendre à s'habiller, parler et vivre comme un Américain. Il achève sa formation en Union soviétique.

En 1954, Molody s'installe à Londres, où il prétend être un homme d'affaires canadien. Il doit en vérité se procurer des informations sur les bases aériennes britanniques et les sous-marins nucléaires. Il est arrêté en 1961 et renvoyé en Union soviétique, échangé contre un espion anglais.

Le réseau soviétique
Molody dirige un groupe d'agents secrets connu sous le nom de Réseau de Portland et basé dans une maison londonienne.

Armes et matériel

Pendant des milliers d'années, les espions ont dû se débrouiller avec les moyens du bord : écrire avec de l'encre invisible, envoyer des messages par le biais de pigeons voyageurs...

À partir des années 1900, de nouveaux outils font leur apparition. Les espions commencent à prendre des photos, à utiliser la radio pour envoyer et recevoir des renseignements et des machines compliquées pour coder leurs informations. Bientôt un incroyable arsenal se développe.

Appareil photo miniature
Un tout petit appareil est dissimulé dans les vêtements de l'espion, l'objectif est caché dans un bouton.

Cigarettes et émetteur
Un émetteur audio est placé au fond d'un paquet de cigarettes.

Le minuscule micro est relié à une carte de circuit imprimé.

Une antenne transmet les ondes radio jusqu'à un récepteur.

GEORGI MARKOV

Le gouvernement communiste bulgare décide de réduire au silence le journaliste et opposant Georgi Markov. En 1978, Markov attend le bus sur le pont de Waterloo, à Londres. Il ressent soudain une douleur vive dans la jambe. Il meurt quelques jours plus tard.

1,52 mm

Projectile empoisonné
Le plomb qui a tué Markov contenait de la ricine, un poison mortel.

Le parapluie bulgare
Markov est touché à la jambe par un plomb empoisonné tiré à travers la pointe d'un parapluie.

Chaussure émetteur
Dans les années 1960, le KGB installe des émetteurs radio dans le talon des chaussures de leurs victimes, afin de pouvoir écouter leurs conversations.

Jumelles de vision nocturne

La nuit ou dans des mauvaises conditions climatiques, les jumelles de vision nocturne amplifient la lumière et permettent ainsi aux espions d'y voir clair dans l'obscurité.

Documents essentiels

Pour réussir sa mission, un agent a besoin de documents indispensables : un faux passeport, des cartes, des photos de ses contacts ou objectifs, un plan des bâtiments, etc.

Kit de surveillance

En mission, les espions transportent souvent avec eux une simple mallette, véritable caverne d'Ali Baba contenant une série de « mouchards » : appareils photo miniatures et enregistreurs sont dissimulés dans des stylos ou d'autres fournitures de bureau.

« Q », c'est lui

À l'école, Charles Fraser-Smith est déjà bricoleur. Après avoir occupé une multitude d'emplois, il est recruté par le ministère britannique chargé de concevoir les uniformes des soldats. En réalité, il œuvre pour le MI5 dans le bâtiment d'à côté et invente d'astucieux gadgets qui permettent aux prisonniers de s'évader ou aux agents secrets d'espionner les nazis. Son travail est absolument secret, même son patron et sa secrétaire ne se doutent de rien !

Après la guerre, avec l'accord du gouvernement, il publie plusieurs ouvrages consacrés à ses occupations mystérieuses. Une fois par an, il donne une conférence durant laquelle il présente ses inventions, car il a conservé de nombreux prototypes.

Charles Fraser-Smith
L'écrivain Ian Fleming, le « père » de James Bond, s'est inspiré de Charles Fraser-Smith (1904-1992) pour créer le personnage de Q.

Compartiment secret dans une brosse à cheveux

Partie amovible

Tout dans la brosse !
Cette brosse contient tout ce qu'il faut pour une évasion. Il suffit de tirer sur une rangée de poils pour accéder au compartiment secret.

Boussole

Aiguille de boussole

Scie miniature

Carte

Incroyable !

Plusieurs inventions de Fraser-Smith figurent dans les romans de Ian Fleming : la boussole cachée dans une balle de golf ou le coffre à neige carbonique (pour conserver les corps).

Q au cinéma

Dans les films de James Bond, le rôle de Q est interprété par plusieurs acteurs : Desmond Llewelyn (photo), Peter Burton et John Cleese… « Q » n'est pas l'initiale de son nom – le personnage se nomme Major Boothroyd – mais de *quartermaster* (« quartier-maître », ou « intendant »).

Jeu de cartes ordinaire	Plan caché	Section de plan numérotée

KIT D'ÉVASION

Fraser-Smith a un don pour dissimuler ses gadgets dans des objets banals. Il coud de minuscules scies à métaux dans des lacets ; cache une carte du territoire ennemi dans une pipe ou un appareil photo dans un briquet. Il sait aussi loger une pellicule dans un blaireau pour mousse à raser ou introduire une boussole et une carte dans un stylo. Il cache le plan d'une région dans un jeu de cartes : il suffit d'imprégner chaque carte avec de l'eau pour qu'apparaisse une section numérotée du plan, puis d'assembler toutes les cartes pour obtenir le plan complet.

1 Dans l'obscurité, l'espion localise la boîte aux lettres morte.

2 L'espion ramasse le réceptacle – ici, une pierre creuse.

Échange à Moscou
En 2006, la télévision russe filme ce qu'elle affirme être un espion britannique récupérant, dans un parc de Moscou, des informations cachées dans une pierre creuse.

3 Il vérifie que la pierre contient le matériel convenu.

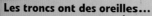

Les troncs ont des oreilles...
Dans les années 1970, les États-Unis placent une base russe sur écoute grâce à ce micro-espion camouflé conçu par la CIA et déposé dans une forêt, à proximité de la base.

Boîtes aux lettres mortes

Rien de plus dangereux que de se retrouver en possession de documents top secret. Nombre d'agents se font prendre au moment où ils transmettent des instructions ou reçoivent des messages. On appelle «boîte aux lettres morte» l'endroit où l'espion dépose – le plus souvent dans un réceptacle sécurisé – des instructions, de l'équipement, des documents ou même de l'argent, récupérés plus tard par un autre espion. Ce système est bien moins risqué qu'une rencontre.

L'endroit choisi doit être discret, mais également accessible facilement. Les aires de stationnement ou les ponts font parfaitement l'affaire.

4 L'espion emporte la pierre avec lui.

La pierre-espion
La pierre du parc de Moscou abrite un compartiment secret dans lequel est placé un système de communication dernier cri capable d'envoyer et de recevoir des messages électroniques. Un agent peut ainsi, grâce à un dispositif portatif sans fil, transmettre au système des données qui sont récupérées ensuite par un autre espion muni d'un dispositif similaire.

Codes et chiffres

De tout temps, les espions ont codé leurs messages avant de les transmettre, espérant que leurs ennemis seraient incapables de les déchiffrer au cas où ils les intercepteraient. Au Ve siècle av. J.-C., les Grecs utilisent déjà un instrument de cryptage, la scytale – le message est rédigé sur une bande de papier qu'il faut enrouler autour d'un bâton d'une certaine circonférence, sans quoi il reste illisible. À Rome, Jules César remplace chaque lettre par la lettre située trois rangs plus loin dans l'alphabet. Les services secrets doivent absolument savoir décrypter ces codes.

Le cylindre de Jefferson
On appelle «chiffre» un code qui, en mélangeant les lettres d'une certaine façon, rend un message illisible. Au XVIIIe siècle, Thomas Jefferson invente cette machine de chiffrement – ses vingt-six roues tournent autour d'un axe afin de coder un message.

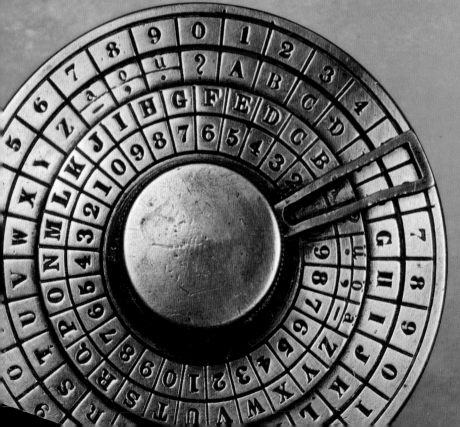

Le cadran chiffrant
Ce cadran est né en 1467 de l'imagination de Leon Battista Alberti, humaniste italien de la Renaissance. Sur le cadran originel, les lettres de l'alphabet étaient écrites sur deux disques. En tournant le premier disque, on modifie l'alignement pour obtenir de nouvelles équivalences, ce qui permet de créer et de déchiffrer des messages codés. Le cadran ci-contre, utilisé aux États-Unis pendant la guerre de Sécession, comporte les lettres de l'alphabet, mais aussi de la ponctuation et davantage de chiffres afin de rendre le codage encore plus inaccessible à l'ennemi.

La machine Enigma

Avant la Seconde Guerre mondiale, les Allemands conçoivent une machine à chiffrer très perfectionnée.

Le clavier, les disques rotatifs et les lampes d'Enigma interagissent et génèrent un code aléatoire qui ne peut être lu…

que par une autre machine Enigma. Le système fonctionne sur une base de 150 trillions de combinaisons différentes, modifiées quotidiennement. Persuadés que leurs codes sont indéchiffrables, les Allemands transmettent via Enigma des informations ultrasecrètes. Las ! Des mathématiciens polonais et leur confrère britannique Alan Turing, avec son équipe, parviennent à décrypter les codes.

Alan Turing
Génie en maths, le Britannique Alan Turing (1912-1954) travaille, pendant la Seconde Guerre mondiale, au service de cryptographie de son gouvernement, à Bletchey Park.

Services secrets à votre service !

L es pays ont besoin de se protéger contre d'éventuels ennemis. C'est pourquoi ils fondent des services secrets et des agences de renseignement qui recueillent et analysent des informations sur de possibles attaques. Ces agences recrutent et forment des espions avant de les envoyer en mission.

On devient agent secret pour différentes raisons : la soif d'aventure et le besoin d'adrénaline parfois ; le patriotisme et la loyauté à l'égard de son pays le plus souvent. Ou, en temps de guerre, par sens du devoir. Certains veulent simplement gagner de l'argent.

Sécurité urbaine
Dans un nombre croissant de pays, les villes sont observées par un réseau de caméras, afin d'assurer la sécurité des citoyens et de lutter contre le crime et le terrorisme. La vidéosurveillance est cependant contestée au nom de la liberté individuelle.

KGB, Loubianka, Moscou, Russie

Le KGB – les services secrets soviétiques – naît en 1954, pendant la guerre froide. Basé à Moscou, dans l'immeuble de la Loubianka, il est, avec 500 000 employés, la plus importante agence de renseignement au monde. Ses espions travaillent sur le territoire et à l'étranger, notamment aux États-Unis et au Royaume-Uni. Dissous au début des années 1990, le KGB est remplacé par plusieurs agences, dont le FSB est la principale.

MI5, Thames House, Londres, Royaume-Uni

Thames House abrite les services secrets britanniques, connus sous le nom de MI5, mais il existe en fait huit départements, disséminés sur tout le territoire. Le MI5 gère les questions de sécurité nationale, tandis que le MI6, service de renseignement extérieur du Royaume-Uni, envoie des agents à l'étranger pour recueillir des informations.

Écrans de surveillance

Les hommes cherchent toujours des moyens pour assurer leur sécurité : bâtir des forteresses imprenables, ceindre les villes d'épais remparts, isoler les châteaux à l'arrière de douves profondes. Aujourd'hui, place à la technologie moderne et à l'image : les caméras et les écrans vidéo filment tous les endroits «à risques» : mais que deviennent ces images, qui les regarde et à quoi servent-elles ?

CIA, Langley, Virginie, États-Unis

Fondée en 1947 l'Agence centrale de renseignement (CIA) des États-Unis est chargée de collecter des informations sur les gouvernements, les personnes et les sociétés établies hors du pays. La CIA mène aussi des opérations secrètes conduites par sa Division des actions spéciales. Parmi ses autres départements figurent le Centre d'analyse du contre-espionnage (NACIC) et le Centre de contrôle et de non-prolifération des armes (WINPAC).

L'espionnage vu du ciel

Pour espionner les bases militaires et l'armement d'un ennemi, rien de tel qu'un satellite ou un avion-espion. L'un et l'autre sont si perfectionnés qu'ils peuvent zoomer jusqu'à photographier un ballon de foot, avant de transmettre le cliché par radio à la Terre.

Conçus dans des matériaux spécifiques, les avions furtifs sont indétectables par les radars. Le drone Global-Hawk n'a quant à lui pas de pilote et peut voler plus de vingt-quatre heures d'affilée.

À vol d'oiseau
Les satellites-espions – le Eros B israélien, par exemple – peuvent réaliser des gros plans de bâtiments, de structures (ici, le barrage d'al-Tabqa, en Syrie, en 2006), de véhicules, et même de personnes.

Satellite-espion
Équipés de zooms surpuissants, les satellites-espions sont capables de prendre des clichés extrêmement détaillés. Le premier du genre, Corona, lancé aux États-Unis en 1960, a photographié les territoires soviétique et chinois.

Blackbird SR-71A
Incroyable ! Le Blackbird
est un avion spectaculaire
capable de voler à
3 315 km/h ! De plus, il est
pratiquement indétectable,
car ses matériaux ont pour
propriété de dévier et
absorber les ondes radar.

Menwith Hill
Au Royaume-Uni, Menwith Hill
– la plus grande base de
traitement de données
satellite dans le monde – est
aussi chargée d'intercepter
des données d'autres pays, de
surveiller et de prévenir les
attaques de missiles.

L'espionnage aujourd'hui

Les ordinateurs sont les espions du XXIe siècle. Ces machines sont en effet capables de prélever des informations dans la mémoire d'autres ordinateurs. Les espions de chair et d'os, eux, disposent d'un bel arsenal technologique, notamment les empreintes digitales électroniques permettant l'envoi de photos ou de cartes. L'image qu'ils souhaitent envoyer est cachée dans un cliché ordinaire, puis postée sur Internet. Il ne reste plus à leur contact qu'à le télécharger et s'identifier à l'aide de ses empreintes pour récupérer les informations secrètes. Le groupe terroriste al-Qaida a utilisé cette méthode pour préparer les attentats du 11 septembre 2001 aux États-Unis.

ADN codé
Pour s'envoyer des messages, les espions peuvent dorénavant utiliser les «lettres» chimiques modifiées de la molécule d'ADN humaine. La molécule codée se cache parmi des millions d'autres molécules, dans une gouttelette de liquide déposé sur un morceau de papier… et envoyé par la poste !

Un site factice
Pendant la guerre du Golfe, les États-Unis, pour tromper les espions irakiens, diffusent sur Internet de faux renseignements sur leurs plans d'attaque et les mouvements de leurs troupes.

Piratage de données

Les cyber-espions collectent des fichiers et des images dans l'ordinateur d'une cible sans se faire repérer. À l'aide d'une clé USB, ils implantent un programme dans l'ordinateur qu'ils peuvent ensuite contrôler à distance.

Espionnage informatique

La technologie permet aujourd'hui de dérober des secrets à des individus ou des organisations bien plus vite et plus efficacement qu'autrefois.

Cyber-espions

Grâce à des logiciels-espions de type «cheval de Troie» ou enregistreur de frappe, ces espions d'un nouveau genre récupèrent des informations directement dans les ordinateurs de leurs victimes.

Webcams

Un collège américain a été condamné pour avoir remis à ses élèves des ordinateurs portables équipés d'une webcam que les responsables du collège pouvaient activer à distance. Les élèves étaient ainsi espionnés chez eux !

Traçage au bout du fil

Les téléphones portables équipés d'un GPS permettent de suivre leur propriétaire à la trace. Par Internet, leur localisation, leurs déplacements sont instantanément repérés. Leurs conversations peuvent également être enregistrées.

Glossaire

ADN
acide désoxyribonucléique réunissant dans une cellule toutes les informations génétiques.

agence de renseignement
organisation gouvernementale qui rassemble des informations permettant d'assurer la défense et la sécurité nationale.

agent double
espion prétendant travailler pour un pays tandis qu'il est secrètement au service d'une autre nation.

al–Qaida
organisation terroriste internationale fondée par Oussama ben Laden (1957-2011) et responsable des attentats du 11 septembre 2001.

analyste
personne chargée d'étudier photos et rapports afin d'en tirer des informations.

assassin
auteur d'un meutre avec préméditation souvent commis à l'encontre d'une personnalité.

avion furtif
appareil difficilement détectable par les radars.

boîte aux lettres morte
endroit où un espion dépose ou collecte des instructions et de l'équipement sans rencontrer un autre espion.

cheval de Troie
programme informatique apparemment inoffensif, abritant en réalité un système d'espionnage.

CIA
Central Intelligence Agency – agence de renseignement et de sécurité nationale du gouvernement américain.

couverture
masquer sa véritable identité pour gagner la confiance d'une personne ou d'une organisation dans le but de recueillir des informations confidentielles.

cryptage
action de dissimuler une information grâce à un code ou un nombre, afin de rendre cette information incompréhensible.

décrypter
déchiffrer un message codé.

enregistreur de frappe
logiciel-espion enregistrant la succession des touches frappées sur un clavier pour récupérer un mot de passe.

espionnage
action d'observer clandestinement quelque chose ou quelqu'un pour obtenir des informations secrètes.

guerre de Sécession
aux États-Unis, guerre civile (1861-1865) opposant le Nord au Sud.

guerre du Golfe
conflit mené de 1990 à 1991 par une coalition de 34 pays en vue d'obtenir l'évacuation du Koweït par l'Irak.

guerre froide
période de tension militaire entre les États-Unis et l'Union soviétique des années 1940 au début des années 1990.

intendant
officier responsable des stocks de nourriture, d'uniformes et d'équipements destinés aux soldats.

KGB
abréviation, en russe, de Comité pour la sécurité de l'État, agence nationale de sécurité de l'Union soviétique (1954-1991).

maître espion
chef d'un réseau d'espionnage.

messager

espion transmettant des informations confidentielles à un autre espion ou à un service secret.

mouchard

gadget capable d'enregistrer des sons et des images.

nazis

membres du parti politique d'Adolf Hitler, à la tête de l'Allemagne de 1933 à la fin de la Seconde Guerre mondiale.

réseau d'espionnage

groupe d'espions travaillant en équipe – parfois sans même se connaître !

Résistance française

réseau clandestin en France menant des actions contre les Allemands et apportant son aide aux Alliés pendant la Seconde Guerre mondiale.

ricine

poison mortel.

saboteur

personne qui, délibérément, détruit du matériel ou affaiblit un ennemi.

stéganographie

programme informatique dissimulant des données dans une image ou un fichier audio.

taupe

espion infiltré à l'intérieur d'une organisation ou d'un pays.

terroriste

combattant entraîné qui réalise des attaques surprises sur des civils afin de «défendre» une cause politique.

transfuge

personne qui abandonne son camp et passe à l'ennemi.

Union soviétique (URSS)

nom pris par l'ancien Empire russe après la révolution communiste de 1917. L'URSS se disloqua en 1991. La Russie actuelle n'en est qu'une partie.

vidéosurveillance

réseau de caméras de surveillance filmant les biens et les personnes dans la rue ou dans certains lieux.

Index

Crédits et remerciements

Abréviations : h = haut ; g = gauche ; d = droite ; hg = haut gauche ; hcg = haut centre gauche ; hc = haut centre ; hcd = haut centre droite ; hd = haut droite ; cg = centre gauche ; c = centre ; cd = centre droite ; b = bas ; bg = bas gauche ; bcg = bas centre gauche ; bc = bas centre ; bcd = bas centre droite ; bd = bas droite ; ap = arrière-plan

AWM = Australian War Memorial ; CBT = Corbis ; DK = Dorling Kindersley ; DT = Dreamstime ; GI = Getty Images ; iS = istockphoto.com ; ISM = International Spy Museum ; NP = Newspix ; PIC = The Picture Desk ; SH = Shutterstock ; TF = Topfoto ; TPL = photolibrary.com ; wiki = Wikipedia

Intérieur : 1 ISM **2-3**ap iS ; **6**cd CBT ; bg TF ; **6-7**ap iS ; **7**bd CBT ; **8**c CBT ; cg, cd, hd TF ; **9**c, cd, hg, hd TF ; **10**bc, bg, bd, hc, hd iS ; bc, bg, bd, c, cd TF ; **11**cg CBT ; bg, hg iS ; bg wiki ; **12**hd CBT ; bg TPL ; **13**bd, hg TF ; **14**hd AWM ; bg NP ; **15**bd, hg CBT ; **16**h DT ; cg GI ; bc iS ; bg TF ; c TPL ; **16-17**ap iS ; **17**hd iS ; bd, hg TF ; **18**bd, cd DK ; bc TF ; **19**hd DK ; bc iS ; bc TF ; **20**b, h, hg GI ; **21**bc, c, cd GI ; **22**hd CBT ; ap iS ; bc PIC ; **23**hg CBT ; hg iS ; c, ap TPL ; **24**hg iS ; **24-25**b iS ; **25**cd, hd CBT ; bd, hg, hd iS ; hg TF ; **26**cg CBT ; bc iS ; **26-27**hc TF ; **27**bd CBT ; **28**ap iS ; cd SH ; bg TF ; **29**cd DT ; bd, hc iS ; c SH ; **30-31**ap iS ; **31**ap TF ; **32**ap iS

Couverture : 1er plat c iStockphoto, hd TopPhoto/Roger-Viollet, **4e plat** cg Collection Dagli Orti/Science Museum Londres/Eileen Tweedy/The Picture Desk, c Carolina Smith, M.D./Shutterstock

Toutes les autres illustrations copyright © Weldon Owen Pty Ltd, sauf p. **4** et p. **11** Virginia Hall de Jeff Bass.